T0273669

Cómo crear un plan de negocio

SERIE MANAGEMENT EN 20 MINUTOS

Actualiza rápidamente tus competencias profesionales básicas. Tanto si buscas un curso intensivo como si solo pretendes repasar brevemente tus conocimientos, la SERIE MANAGEMENT EN 20 MINUTOS te ayudará a encontrar justo lo que necesitas, es decir, un conocimiento fundamental para profesionales ambiciosos o futuros ejecutivos. Cada uno de los libros es una breve y práctica introducción que te permitirá repasar una amplia variedad de temas indispensables para la gestión de negocios, y que, además, te ofrece los consejos (sencillos, útiles y fáciles de aplicar) de los académicos más prestigiosos.

Títulos de la colección:

SERIE MANAGEMENT EN 20 MINUTOS

Cómo crear un plan de negocio

Presenta tu idea claramente
Proyecta riesgos y recompensas
Consigue la aprobación

REVERTÉ MANAGEMENT (**REM**)
Barcelona · México

HARVARD BUSINESS REVIEW PRESS
Boston, Massachusetts

Cómo crear un plan de negocio
SERIE MANAGEMENT EN 20 MINUTOS
Creating Business Plans
20 MINUTE MANAGER SERIES

Copyright 2014 Harvard Business School Publishing Corporation
All rights reserved.

© **Editorial Reverté, S. A., 2021, 2022, 2023, 2024**
Loreto 13-15, Local B. 08029 Barcelona – España
revertemanagement@reverte.com

5ª impresión: abril 2024

Edición en papel
ISBN: 978-84-17963-22-4

Edición ebook
ISBN: 978-84-291-9608-5 (ePub)
ISBN: 978-84-29-19609-2 (PDF)

Editores: Ariela Rodríguez / Ramón Reverté
Coordinación editorial y maquetación: Patricia Reverté
Traducción: Genís Monrabà Bueno
Revisión de textos: Mª del Carmen García Fernández

Impreso en España – *Printed in Spain*
Depósito legal: B 3195-2021

Impresión: Liberdúplex
Barcelona – España

47

Introducción

Redactar un plan de negocio es uno de los primeros y más importantes pasos para iniciar una aventura empresarial. Tu objetivo ha de ser ofrecer una descripción detallada de tu nuevo producto o servicio y presentar una estrategia concreta para que el negocio funcione. Además, debes transmitir una buena dosis de entusiasmo para lograr que los inversores (o patrocinadores) quieran involucrarse en tu proyecto. Este libro te explica cómo:

- Estructurar tu idea de negocio.

- Explicar tus objetivos.

- Analizar el sector.

- Presentar a tu equipo.

- Diferenciar tu empresa de sus competidoras.

- Diseñar un plan de marketing convincente.

- Detallar las actividades diarias de tu empresa.

- Elaborar una proyección financiera sólida.

- Anticipar los posibles problemas.

Contenido

Contenido

Cómo crear un plan de negocio

¿Por qué es necesario redactar un plan de negocio?

¿Por qué es necesario redactar un plan de negocio?

¿Tienes una idea brillante para un nuevo producto o servicio? ¿Cuentas con la energía y la inspiración suficientes y te sientes con bastante preparación como para seguir adelante con esa idea? Entonces este será tu primer reto: redactar un plan de negocio.

Puede que pienses: «¿Por qué debería invertir mi tiempo redactando un plan de negocio? ¿No debería ponerme ya en marcha?». Imagina que trabajas en una multinacional y tu jefe te pide que desarrolles un plan antes de seguir adelante con tu proyecto; quizá experimentes algo de frustración. Al fin y al cabo, ¿por qué perder tiempo en una tarea tan tediosa? ¿No es mejor empezar directamente a trabajar?

No caigas en esa trampa. Redactar un plan de negocio, sea para tu empresa o para inversores externos, es beneficioso en muchos aspectos: desde conseguir que el proyecto se apruebe o mejorar las probabilidades de éxito de un nuevo producto hasta reunir capital, fundar una empresa o dar estabilidad a tu negocio.

Un plan de negocio te ofrece la oportunidad de evaluar a fondo tu idea, tanto si pretendes abrir una nueva empresa o ampliarla como si lo que quieres es independizarte de una compañía matriz o poner en marcha un proyecto dentro de una estructura ya establecida. También es una ocasión para que tu público objetivo —es decir, los inversores potenciales, los directivos de tu empresa o quien sea que gestione los recursos necesarios para poner en práctica tu idea— evalúen la viabilidad del proyecto. Tu objetivo es elaborar una hoja de ruta que te ayude a gestionar las oportunidades y los obstáculos que surjan en el camino y, quizá más importante, a diseñar las estrategias para solucionar los problemas antes de que aparezcan.

Este libro te enseñará a elaborar argumentos convincentes y te explicará los aspectos básicos para redactar un plan de negocio; incluye además el estudio de caso de una empresa imaginaria (Techno Exercise Corporation) cuyos ejemplos podrás seguir a lo largo de los capítulos.

Para empezar

Según William Salman, profesor de la Harvard Business School y experto en iniciativa empresarial, muchos planes de negocio se centran demasiado en las cifras y pasan por alto otra información que interesa incluso más a los potenciales inversores. Al fin y al cabo, estos entienden que las previsiones financieras de una nueva empresa —en concreto las que son muy detalladas y a varios años vista— no son más que fantasías optimistas. Por ello, Sahlman recomienda organizar el plan de negocio en torno a cuatro factores determinantes para una empresa:

- *El equipo,* es decir, el personal que sacará adelante el proyecto y las empresas externas que proporcionarán los recursos necesarios para ello.

- *La oportunidad,* el perfil del negocio: qué venderá esa empresa y a quién, cuál es su capacidad de crecimiento, su rentabilidad esperada y qué obstáculos pueden presentarse.

- *El contexto o panorama general:* el marco regulador, los tipos de interés, las tendencias demográficas, la inflación, etc. Es decir, los factores externos y variables que no pueden controlarse.

- *El riesgo y el beneficio,* una evaluación de todo lo que puede ir bien o mal, así como una reflexión sobre cómo responderá el equipo ante diversos escenarios.

Teniendo en cuenta estos cuatro factores clave de Sahlman, ya puedes empezar a pensar en la información necesaria para redactar un plan de negocio convincente. Pero antes plantéate algunas preguntas importantes:

- *¿Cuál es tu objetivo?* Por ejemplo, si tu propuesta puede desarrollarse en un entorno rico en recursos como una gran empresa, ciertas partes del plan —como las relacionadas con la estrategia de marketing— podrían ser más concisas que otras. Si este fuera el caso, deberías extenderte más en la propuesta de valor y el análisis de la competencia. Por otra parte, si tu plan de negocio pretende conseguir fondos de capital riesgo, debería enfocarse sobre todo en las oportunidades y en el equipo directivo.

- *¿A quién te diriges?* Saber quién leerá tu plan de negocio y cuáles son sus objetivos y necesidades te ayudará a adecuar el mensaje. Pero para averiguar esto antes deberás recabar cierta información. Con este fin, acude a tu red de contactos —por ejemplo, habla con colegas y otros profesionales del sector para conocer su punto de vista sobre los problemas que intentas solventar con tu producto o servicio—. Piensa también en cómo verá la propuesta tu público objetivo, ponte en su piel. Por ejemplo, un comité de gestión o una junta directiva la considerarán en un contexto de competición con otras iniciativas y por eso es posible que se fijen en aspectos como el ahorro de costes u otras oportunidades de venta similares a tu idea. En cambio, un grupo de inversores externo quizá prefiera conocer los umbrales de rentabilidad y el potencial de la empresa a largo plazo.

- *¿Qué pretendes conseguir?* Piensa cuál es tu objetivo específico: ¿solo necesitas el visto bueno para tu proyecto o también te hace falta apoyo y recursos? ¿Buscas financiación o contactar con otros inversores o socios? ¿Quieres afrontar un préstamo en solitario o estás dispuesto a compartir la propiedad y los beneficios del negocio con otras personas o entidades?

¿Qué información necesitas?

Una vez que hayas organizado tus ideas, lo siguiente es saber si dispones de la información necesaria para arrancar; en parte, esta será de tipo financiero y legal. Por ejemplo, ¿has calculado con exactitud los costes de fabricación de tu producto? ¿Has pensado qué forma legal es la más apropiada para tu negocio? En realidad, existen muchas fuentes de información y lo mejor es que identifiques las publicaciones especializadas de tu sector, que acudas a estudios elaborados por los analistas más prestigiosos y que consultes a tu red de contactos para que los expertos te proporcionen un panorama más completo. También dispones de recursos online, como la web de la Cámara de Comercio local o los portales oficiales de la Dirección General de Industria y de la Pequeña y Mediana Empresa (DGIPYME), la Oficina del Censo Electoral o de los departamentos estatales de desarrollo económico y empresarial.

La estructura de un plan de negocio

Un plan de este tipo suele empezar con un resumen ejecutivo y una descripción general de la empresa. El cuerpo del plan presenta los aspectos específicos del proyecto y los elementos fundamentales de la empresa. Por último, los anexos incluyen información más detallada: datos financieros, currículos del equipo, etc.

Redactar un plan de negocio es una labor que requiere tiempo, dedicación y disciplina. En lugar de abordarlo de golpe, céntrate en cada sección por separado; si divides la tarea en apartados podrás planificar mejor el tiempo. Y no olvides consultar a otras personas durante todo el proceso: pide a tus mentores, socios o colegas que encuentren lagunas y posibles problemas en tu plan y, en función de ellos, haz los ajustes pertinentes.

La mayoría de los planes de negocio contienen los siguientes apartados, que comentaremos con detalle a lo largo del libro:

- *Portada*: incluye la denominación de la empresa o el proyecto, así como el nombre y la información de contacto de su autor o autores.

- *Tabla de contenidos*: ofrece una visión general de los temas que se tratarán en el plan. Te recomendamos usar un lenguaje sencillo para que los lectores puedan encontrar con facilidad en el documento lo que buscan.

- *Resumen ejecutivo*: se trata de una explicación breve y formal de lo que será tu empresa, es decir, cuáles son sus objetivos y por qué piensas que tendrá éxito.

- *Descripción del negocio*: es una visión general de tu propuesta.

- *Antecedentes del sector*: en este apartado se proporcionan datos históricos e información actual sobre el tipo, el tamaño, los rasgos y las tendencias de tu sector.

- *Análisis de la competencia*: es la evaluación de las características de tus potenciales rivales.

- *Análisis del mercado:* Se trata de la evaluación del mercado objetivo, es decir, los deseos, las necesidades y la demografía de tus clientes.

- *Resumen del equipo de gestión*: contiene los nombres de los miembros del equipo y una descripción del modo en que trabajarán para formar una unidad efectiva y de éxito.

- *Plan de operaciones*: se trata de una descripción detallada de la estrategia escogida para vender el producto o servicio.

- *Plan de marketing:* consiste en detallar la estrategia que pretendes utilizar para vender tu producto o servicio.

- *Plan financiero*: consiste en una síntesis del estado actual y las proyecciones de rendimiento financiero de la empresa.

- *Anexos:* en ellos se incluyen los documentos adicionales que proporcionan información más detallada sobre el plan.

Por supuesto, no todos los planes de negocio siguen este modelo al pie de la letra. Como verás en el próximo capítulo, según el tipo de público al que quieras dirigirte y sus necesidades, tu plan puede contener algunas de estas secciones y añadir o prescindir de otras.

Describe la oportunidad

Describe la oportunidad

Tú conoces muy bien la idea, porque es tuya; por eso es fácil que al redactar el borrador de tu plan pases por alto ciertos detalles que también interesan a los inversores. Por ejemplo, asegúrate de explicar de qué manera tu producto o servicio cubrirá las necesidades de los consumidores, teniendo en cuenta la situación actual del sector.

Presenta tu idea

Convence a los lectores del plan describiendo una oportunidad de negocio clara y específica y explicando cómo prosperará.

Si quieres enfocar tu plan hacia los consumidores, ten en cuenta ciertas cuestiones al definir tu producto o servicio: ¿qué necesidad del consumidor pretende cubrir? ¿Qué nueva tecnología o qué perspectiva diferente ofrecerás a los clientes potenciales? ¿Por qué estos se decantarán por tu producto en lugar de comprar el de la competencia?

Aunque tu intención no sea obtener financiación externa, sino desarrollar el plan dentro de tu empresa, debes asegurarte de que su necesidad esté bien justificada. Porque si a los evaluadores y posibles inversores no les convence tu exposición, no te van a apoyar. Por ejemplo, imagina que tu objetivo es incrementar la utilización, por parte de los usuarios, de la aplicación de compra *mobile retail* de tu empresa. Tu propuesta es rediseñar la aplicación y así incrementar el interés de los clientes. Pero ¿qué ocurre si el departamento técnico de tu empresa opina que la *app* funciona perfectamente y no hay que cambiar nada? ¿Y si, en cambio, creen que lo que está fallando es la estrategia de marketing? En un caso así deberías elaborar un plan específico para los asesores técnicos y para quienes vayan a tomar la decisión, que argumente con evidencias que la causa principal del escaso uso de la aplicación es un fallo de diseño y no un problema de marca o concepto.

Por supuesto, no puedes describir bien ni tu proyecto ni el enfoque al cliente si no tienes en cuenta el «contexto» en el que se desarrollará tu negocio. Más adelante abordaremos esta cuestión en el apartado «Análisis del entorno empresarial».

Resumen ejecutivo

El *resumen ejecutivo* es una breve descripción del proyecto, de los objetivos que pretendes alcanzar con él y de los motivos que lo llevarán al éxito. En apenas una página debes explicar en qué consiste tu idea y atraer la atención de los inversores. Piensa que en algunos casos esto será lo único que leerán; por ello, pese a que también debes mencionar los posibles riesgos, lo más importante es presentar la idea de forma apasionada y justificar por qué crees que tu negocio triunfará. Un resumen ejecutivo bien elaborado es indispensable para que los destinatarios del plan no abandonen su lectura.

EJEMPLO DE PORTADA

Como ejemplo de plan de negocio, en este libro te ofrecemos un estudio de caso, el de Techno Exercise Corporation («TechEx»), un hipotético servicio online de dieta y ejercicio físico con sede en Cambridge, MA. En las siguientes páginas encontrarás algunas secciones de su plan de negocio que te ayudarán a entender cómo funciona. Pero recuerda que es solo una muestra de las múltiples posibilidades existentes. En realidad, un buen plan de negocio siempre se adapta a sus destinatarios.

Nuestra portada de ejemplo sería esta:

TECHNOEXERCISE CORPORATION

TechEx

559 Treburke St.

Cambridge, MA 02115

(617) 555-1234

www.technoexercise.com

Ping Huang

Fundadora y directora general

Correo electrónico: pinghuang@techex.com

Telf.: (617) 555-8888

Anjali Banerjee

Directora financiera

Correo electrónico: anjalibanerjee@techex.com

Telf.: (617) 555-2222

Mercedes Meceda

Directora técnica

Correo electrónico: mercedesmeceda@techex.com

Telf.: (617) 555-7777

Plan diseñado por los directivos de la empresa
en julio de 2020.

Preparar un borrador del plan de negocio te permitirá hacerte una idea general de lo que quieres transmitir. Pero no olvides rehacerlo después y pulir los detalles haciendo hincapié en los apartados que hayan cambiado más a lo largo del proceso.

De manera general, un resumen ejecutivo debe incluir los siguientes elementos:

- Una *declaración de objetivos*: bastará con un par de frases que describan en qué consiste tu proyecto y cuáles son su filosofía y sus objetivos a largo plazo.

- Una breve descripción del sector y el mercado en los que se insertará el negocio.

- Una justificación de la oportunidad de mercado de la que pretendes sacar provecho.

- Una breve enumeración de las diferencias y ventajas competitivas que ofrece tu producto o servicio frente a los de la competencia.

- Un análisis del potencial financiero de tu proyecto y los riesgos a los que podría enfrentarse.

- Una breve descripción del equipo directivo y sus respectivas funciones.

- Información sobre la situación general de la empresa (el punto de partida, los primeros pasos y las oportunidades de crecimiento), su situación financiera (el estado de cuentas y la existencia de algún préstamo) y su estructura (sociedad, corporación, etc.). En este sentido, es adecuado incluir aquí los recursos online, como la página web de la Dirección General de Industria y de la Pequeña y Mediana Empresa.

- Los detalles sobre los bienes de capital que necesitas, para que los destinatarios del plan entiendan qué pretendes obtener de ellos —dinero, contactos en el sector u otros recursos—.

EJEMPLO DE RESUMEN EJECUTIVO

Objetivo de TechEx: el propósito fundamental de Techno-Exercise Corporation («TechEx») es cambiar la forma en que las mujeres pierden peso y tonifican su cuerpo, gracias al uso de cuatro elementos clave: estadísticas personalizadas, tratamiento psicológico individual, acceso a profesionales de la salud y apoyo emocional de grupo.

¿Cuál es su método? Las clientes usarán un sofisticado dispositivo de seguimiento que registrará sus patrones de alimentación y ejercicio. Además, recibirán por videoconferencia clases semanales de un dietista, un *coach* y un entrenador personal, que se encargarán de supervisar el proceso de adelgazamiento y aumento de masa muscular mediante una báscula inalámbrica que se le proporcionará a cada usuaria. Por otra parte, gracias a un software de mensajería instantánea y a una serie de salas de chat con moderador, las clientes también podrán acceder a una comunidad que les proporcionará apoyo emocional y motivación.

Estructura: TechEx, que se fundó según las leyes del estado de California el 30 de agosto de 2013, tiene su sede en Cambridge, Massachusetts. La compañía ha presentado una petición al Servicio de Impuestos Internos para constituirse como una Corporación S.

Público objetivo o mercado potencial: este servicio se dirige a mujeres trabajadoras que no disponen de tiempo para seguir un programa tradicional de ejercicio o dieta de adelgazamiento. Algunas de estas mujeres tendrán sobrepeso y estarán buscando algún tipo de régimen; otras, en cambio, estarán en su peso ideal, pero tal vez quieran incorporar alguna rutina de ejercicios para mantenerse en forma. TechEx pretende incrementar su presencia en el sector mediante publicidad en revistas específicas y ampliará su estrategia de marketing estableciendo acuerdos con el sector sanitario (empresas y mutuas), así como con gimnasios y otros centros deportivos y de bienestar.

(*continúa*)

EJEMPLO DE RESUMEN EJECUTIVO

Equipo directivo: la fundadora de la empresa, Ping Huang, fue gerente de operaciones de una empresa online emergente dedicada a la nutrición. Sus socias son Anjalie Banerjee —que antes trabajaba para Morgan Goldman en Dublín (Irlanda)— y Mercedes Meceda, exasesora de Dain. Las tres se conocieron en la Sloan School of Management del MIT y forman el equipo directivo de TechEx. Entre las tres poseen el 100% de la empresa.

Competencia: el mercado del sector de las dietas está saturado y es además un entorno muy competitivo. El principal rival de TechEx es E-Fitfab, que ofrece un servicio similar, si bien no dispone de ningún mecanismo para generar una comunidad de apoyo; según la investigación al respecto, esto es clave para las mujeres que quieren empezar una dieta. Otras grandes empresas del sector son Calorie Counters y Jenny Haig, más enfocadas en la alimentación (y no en el ejercicio), pero ambas son tan grandes que no pueden ofrecer un servicio personalizado. Entre las empresas de la competencia que también cuentan con una aplicación o similar están My-Exercise-Buddy y Lose Weight!; estas ofrecen a sus usuarios un programa de seguimiento tanto de la dieta como del ejercicio físico, así como la creación de una red de contactos. Sin embargo, se dirigen a un tipo de cliente que prefiere ser más autónomo, mientras que TechEx está dirigido a usuarias que desean un servicio a medida y supervisado. En pocas palabras, TechEx es la única empresa que ofrece soluciones personalizadas y prácticas para la dieta y el ejercicio junto con apoyo social, factor imprescindible para perder peso de forma eficaz. No obstante, existe un riesgo elevado de que la competencia explote algunas partes del modelo de negocio de TechEx en su propio beneficio.

Estrategia de precios: aunque el precio de TechEx está por debajo del de E-Fitfab (lo que implicaría ser competencia directa de dicha empresa), se mantiene en el rango de proveedores de servicios de primera categoría.

(*continúa*)

EJEMPLO DE RESUMEN EJECUTIVO

Situación financiera: TechEx busca una financiación de 250.000 dólares, que se sumarán a los 84.000 ya recaudados entre amigos y familiares de sus socias. En este aspecto, el principal reto al que se enfrenta la empresa es el flujo de caja, ya que necesita efectivo de forma inmediata para desarrollar la parte tecnológica, así como para contratar a dietistas, *coaches* y entrenadores personales. Esos serán los principales costes de TechEx.

¿Cuál es el futuro de TechEx? La empresa estima que las ventas alcanzarán el primer año los 11,74 millones de dólares, con un margen bruto superior al 60 % y neto de alrededor del 42 % (antes de impuestos). Se espera que el negocio sea rentable a los seis meses. Después, TechEx se plantea expandirse en Europa. En última instancia, el equipo directivo tiene la intención de convertirla en una sociedad anónima de capital abierto.

Descripción del negocio

La *descripción del negocio* es otro tipo de resumen, pero se distingue del *ejecutivo* en que ofrece una visión general del proyecto orientada al futuro. Aquí es donde debes presentar todos los detalles de tu empresa. Considéralo una oportunidad única para que los potenciales inversores comprendan con rapidez tu concepto de negocio y su valor. También hay que exponer en este momento las posibilidades de crecimiento, es decir, de qué modo la nueva empresa incrementará su oferta de productos o servicios y ampliará su base de clientes o su alcance geográfico.

En algunos casos, si tu servicio o producto es novedoso o muy complejo desde el punto de vista técnico, habrá que explicar en una sección aparte cómo funciona. Esto también servirá para destacar las peculiaridades de tu empresa y lo que la distingue de la competencia.

EJEMPLO DE DESCRIPCIÓN DEL NEGOCIO

TechEx ofrece una combinación única de ejercicio y control de la dieta que emplea distintos enfoques cognitivo-conductuales para la pérdida de peso, apoyados en el uso de tecnologías de vanguardia. Es un servicio destinado a mujeres que viajan mucho por trabajo o que por su ritmo de vida no disponen de tiempo para ir al gimnasio. Se centra en tres necesidades básicas de sus potenciales usuarias: la flexibilidad, el apoyo y el enfoque en la pérdida de peso.

El programa funciona de este modo: cuando una usuaria crea una cuenta, recibe un sistema portátil de monitorización que registra sus patrones de alimentación y ejercicio. Además, se le da acceso a una amplia variedad de servicios complementarios (como sesiones semanales por videoconferencia con un dietista, un *coach* y un entrenador personal, que evalúan sus progresos). De este modo se incrementa la eficacia del programa, porque, según un estudio publicado en la revista *Archives of Internal Medicine*, las personas que siguen un plan de adelgazamiento obtienen mejores resultados si combinan el asesoramiento nutricional y el ejercicio con el uso de aplicaciones móviles. Por otro lado, cada cliente podrá acceder a una comunidad on-line de «compañeras de dieta» que le proporcionará apoyo social y emocional a través de herramientas como foros, chats y un servicio de mensajería instantánea. Esta comunidad también fomentará el intercambio de consejos, productos saludables, recetas o ideas para mantenerse en forma durante un viaje, por ejemplo.

La plataforma de TechEx es muy sencilla de usar y se adapta a las necesidades de cada cliente. Permite, por ejemplo:

- Registrarse y activar el programa solo con una tarjeta de crédito y un teléfono móvil.

(*continúa*)

EJEMPLO DE DESCRIPCIÓN DEL NEGOCIO

- Fijar objetivos de pérdida de peso o entrenamiento y modificar esos parámetros en cualquier momento.

- Disfrutar de videoconferencias semanales con un dietista y un *coach*.

- Encontrar actividades en una ubicación determinada, como rutas para correr o clases de yoga en otra ciudad.

- Recibir recomendaciones de menús bajos en calorías en los restaurantes de las principales ciudades del país.

- Consultar a la comunidad online sobre, por ejemplo, los mejores sitios para comer sola.

- Participar en sesiones semanales de entrenamiento virtual con un monitor profesional, usando pequeños accesorios como pesas o cintas.

- Personalizar el plan de ejercicios para trabajar determinadas zonas del cuerpo, como abdominales o brazos.

- Evaluar el progreso semanal y mensual en cualquier momento.

- Relacionarse con otros miembros de la comunidad TechEx.

TechEx tiene previsto expandirse en el ámbito internacional. Sus primeros objetivos son Irlanda y el Reino Unido, donde las tasas de obesidad son elevadas y hay un alto porcentaje de mujeres que trabajan. Además, a largo plazo se vislumbra un potencial de crecimiento adicional en otros países de Europa occidental.

Analiza el entorno empresarial

Este apartado sirve para ilustrar el potencial de tu idea en su contexto, en cuanto al sector y al mercado. Usamos estos dos términos, *sector* y *mercado*, para designar dos partes de un entorno comercial más amplio que se superponen. Así, el *sector* se refiere al grupo de empresas que producen y venden unos determinados productos o servicios, mientras que el *mercado* indica dónde o a quiénes se los venden. En lo que respecta a tu plan de negocio, el sector representa, pues, tanto a tus socios como a tus competidores, mientras que el mercado determina la oportunidad y la clientela potencial. La intersección entre ambos será tu opción de negocio, es decir, ese espacio donde las necesidades del cliente entran en contacto con el servicio o producto que tú ofreces.

Si quieres tener claras tus posibilidades en ese contexto, responde a las siguientes preguntas: ¿el mercado para tu nuevo producto o servicio es grande y crece con rapidez? ¿En la actualidad, el sector presenta (o presentará) un panorama atractivo? Es decir, ¿las tendencias demográficas y de ventas son favorables? Pero ¿por qué es tan importante el contexto? Porque, como señala William Sahlman, los inversores buscan mercados grandes o de crecimiento rápido, ya que en ellos suele ser más fácil obtener cierta cuota de mercado que si se compite en un mercado estabilizado o en declive. En realidad, los inversores avispados buscan mercados con un alto potencial de crecimiento y que se encuentren en las primeras fases de su desarrollo, porque ahí están, en última instancia, los mayores beneficios.

En primer lugar, demuestra que eres consciente del entorno en el que se desarrollará tu empresa y de en qué medida este contribuirá a su éxito o lo dificultará. Para ello debes incluir en el plan de negocio información sobre la situación macroeconómica y la normativa vigente, porque ambas afectarán a tus planes. Dicha información suele estar disponible en los portales oficiales de la Administración y de las asociaciones empresariales, así como en diversas publicaciones en prensa. Lo siguiente a señalar es que el contexto es cambiante, así como argumentar de qué modo influirá esa circunstancia en la suerte de tu proyecto. Por último, expón cómo reaccionará el equipo directivo si el contexto cambia de forma favorable (ver el apartado de «Ejemplo de los antecedentes del sector»).

Una última sugerencia: además de investigar los antecedentes del sector, a la competencia y la situación del mercado, cita siempre tus fuentes, es decir, respalda cualquier afirmación que hagas con información verificable (a través de documentos o citas de expertos). Tener un especial cuidado en este aspecto será beneficioso para el proyecto tanto a corto como a largo plazo.

Antecedentes del sector

El primer elemento que hay que analizar en el entorno empresarial son los *antecedentes del sector*, esto es, sus principales características. Las siguientes preguntas te ayudarán a estructurar tu planteamiento:

- *¿En qué consiste el sector? ¿Cómo se puede definir?* ¿Cuáles son los productos o servicios que ofrece? ¿Qué tamaño tiene? ¿Cuál es su nivel de rentabilidad? ¿A qué problemas se enfrenta? Desde el punto de vista geográfico, ¿está muy extendido o muy concentrado?

- *¿Qué panorama se divisa en él?* ¿Cuáles son las tendencias más importantes que le influyen? ¿Y su tasa de crecimiento prevista? ¿Qué factores podrían contribuir a dicho crecimiento? ¿Qué nuevas pautas de crecimiento pueden surgir?

- *¿Quiénes lo componen?* ¿Está muy fragmentado o unas pocas empresas lo monopolizan? ¿Qué otras compañías ofrecen productos o servicios que satisfacen las mismas necesidades que el tuyo? ¿Qué recursos controlan?

- *¿Cuáles son las barreras para entrar en él?* ¿Qué oportunidades hay para introducirse en ese mercado? ¿Qué obstáculos pueden surgir? ¿Qué recursos, conocimientos o habilidades son necesarios? ¿Existe alguna ley que pueda impedir tu acceso? ¿Necesitas reunir un gran capital? ¿Debes dominar algún área de conocimiento técnico para desarrollar tu producto o servicio?

EJEMPLO DE ANTECEDENTES DEL SECTOR

El mercado mundial de la pérdida de peso y el control de la obesidad, cuyo valor se estima en 265.000 millones de dólares, incluye una amplia variedad de productos y servicios que se pueden clasificar en tres categorías principales: bienes de consumo sin receta (bebidas y comidas envasadas bajas en calorías y suplementos nutricionales), servicios para la pérdida de peso (dietas y programas de adelgazamiento) y materiales para hacer ejercicio y procedimientos quirúrgicos. TechEx compite en la segunda de estas categorías.

Crecimiento del mercado: las tasas de obesidad están aumentando en todo el mundo, pero Estados Unidos, que ocupa el sexto lugar entre los países con mayor porcentaje de personas obesas, sigue siendo el mercado principal para las empresas dedicadas a las dietas y el ejercicio. El incremento tanto de la obesidad como de las enfermedades crónicas asociadas (diabetes o dolencias cardíacas, por ejemplo) están acelerando el crecimiento del sector y su mercado. Además, existen otros factores determinantes para ello: el aumento del poder adquisitivo de la población, los prejuicios contra el exceso de peso, las iniciativas políticas para concienciar a la ciudadanía sobre la importancia de la salud y el bienestar, y también los avances tecnológicos, que hoy en día permiten hacer un seguimiento simple y rápido de los hábitos de alimentación y ejercicio físico. Como dato destacable, en 2012 este sector creció a un ritmo constante del 3% en Estados Unidos.

(continúa)

EJEMPLO DE ANTECEDENTES DEL SECTOR

Situación del sector: en Estados Unidos está muy saturado; lo conforman grandes empresas bien posicionadas y también miles de pequeños competidores que se disputan una reducida parte del mercado (ver «Análisis de la competencia»). La mayoría de estas marcas se dirigen de manera inespecífica a mujeres que se ponen a dieta, pero hasta ahora ninguna había centrado su atención en el nicho de mercado que suponen las profesionales de alto nivel educativo (ver «Análisis del mercado»).

Nuevas tendencias: como resultado de la crisis económica y la consiguiente recesión, muchas de las personas que se ponen a dieta en Estados Unidos han optado por planes gratuitos o lo más baratos posible —a través, por ejemplo, de pastillas, libros, sitios web de alimentación y ejercicio o aplicaciones móviles—. Según Marketdata Enterprises, el mercado de las dietas en Internet tiene un valor de al menos 1100 millones de dólares y crece a un ritmo anual del 8%.

La clientela busca soluciones online porque son prácticas, fáciles de usar y rentables, pero la mayoría de ellas no son nada flexibles ni efectivas para todo el mundo.

El factor que marca la diferencia a favor de TechEx: nuestro programa es muy atractivo tanto para mujeres profesionales con sobrepeso como para aquellas que están en forma, pero quieren adquirir hábitos más saludables. Unas y otras requieren servicios personalizados, adaptados a sus necesidades específicas en cuanto a alimentación y ejercicio en sus ajetreadas vidas. Suelen tener ingresos por encima de la media y están dispuestas a pagar para obtener resultados. Además, este tipo de mujeres con estudios superiores también son proclives a seguir los consejos de profesionales expertos. Y TechEx combina la experiencia personalizada con una interfaz sencilla y atractiva.

(continúa)

EJEMPLO DE ANTECEDENTES DEL SECTOR

Barreras de entrada: en general hay pocos obstáculos naturales (como la necesidad de un capital inicial mínimo o de alguna tecnología patentada) que impidan la presencia de nuevas opciones en el mercado. Por eso, lo más probable es que otras empresas empiecen a hacer la competencia a TechEx en cuanto tengan noticia de su éxito. En previsión de esta amenaza, TechEx está creando alianzas estratégicas con ciertas empresas que se preocupan por la salud y el bienestar de sus empleados que viajan con frecuencia. Estos acuerdos exclusivos impedirían que otros competidores potenciales accedieran en el futuro al mismo mercado. Además, TechEx pretende generar una segunda barrera de entrada a través de una imagen de marca fuerte para que sus clientes la identifiquen como un servicio de alta calidad y confianza.

Fuentes: The US Weight Loss & Diet Control Market (Tampa, FL: Marketdata Enterprises, abril 2013); *Weight Loss and Obesity Management Market* (Dublín, Irlanda: Research and Markets, mayo 2013); y CIA World Fact Book.

Análisis de la competencia

La segunda parte del análisis del entorno empresarial es el *análisis de la competencia*. En este apartado debes identificar a los competidores directos y potenciales de tu empresa y describir las amenazas que pueden representar para su éxito. Con independencia de que el destinatario de tu plan de negocio sea un inversor privado o el consejo de administración de una empresa, tienes que evaluar con mucho cuidado a tu competencia (actual y potencial) para estimar la viabilidad del proyecto.

Estos son algunos aspectos que debes tener en cuenta:

- *¿Quién son tus competidores?* Considera a las empresas que resuelven las mismas necesidades que la tuya. ¿Qué productos y servicios ofrecen? ¿Qué porcentaje del mercado controlan? Ten en cuenta que algunos de tus rivales pertenecerán a otro sector. Por ejemplo, un posible competidor de TechEx sería una empresa de prendas para moldear el cuerpo. Quizás una parte de la clientela, en vez de pagar por hacer el esfuerzo de ponerse a

41

dieta y entrenar, prefiera comprar ese tipo de ropa para mejorar su silueta de forma fácil.

- *¿Cuáles son las fortalezas y debilidades de tus competidores?* ¿Sus productos gozan de una buena imagen de marca? ¿Qué estrategias de marketing utilizan? ¿Cuál ha sido hasta ahora la clave de su rentabilidad?

- *¿Qué diferencia a tu empresa de las demás?* ¿Responde a las necesidades de los clientes de una manera nueva y útil? ¿Qué tiene de original o distinto tu producto o servicio respecto a la oferta de la competencia?

- *¿Con qué perspectivas de competitividad cuenta el sector?* ¿Tus rivales suponen una amenaza seria? ¿Son capaces de bloquear la entrada de un nuevo competidor en el mercado? ¿Tal vez roben tus ideas y las aprovechen para su negocio? ¿Quién más podría ser capaz de percibir y explotar la misma oportunidad?

Análisis del mercado

La última parte del análisis del entorno empresarial es el *análisis del mercado*. En este apartado debes enfocarte en el mercado objetivo, es decir, el grupo de personas o empresas que elegirán adquirir y permanecer fieles a tu producto o servicio porque les resuelve un problema o satisface alguna de sus necesidades. Aquí es donde debes demostrar que existe una oportunidad en este mercado y que tu negocio puede aprovecharla.

Si tu intención es empezar una nueva línea de negocio, lo primero que debes hacer es hablar con las personas afectadas por el problema que pretendes solucionar, y que, por lo tanto, se beneficiarán de tu producto o servicio. Pregúntales, por ejemplo, cuándo empezó su problema y cómo se manifiesta. Lanza encuestas, haz test y elabora informes a partir de sus resultados. Gracias a ello obtendrás una imagen adecuada del problema que te permitirá ajustar tu idea y buscar la mejor solución.

EJEMPLO DE ANÁLISIS DE LA COMPETENCIA

La competencia de TechEx en este sector adopta distintas formas. Pero, pese a que las empresas que se enumeran a continuación pueden ser en cierto modo una amenaza, ninguna ofrece el mismo enfoque cognitivo-conductual de la dieta y el ejercicio al tiempo que proporciona el apoyo emocional de una comunidad de usuarias.

1. **E-Fitfab:** es el rival más parecido a TechEx. En su servicio los clientes llevan un monitor que registra sus patrones de alimentación y ejercicio. Como ventajas competitivas, los usuarios también tienen acceso a un dietista y un *coach*. Sin embargo, E-Fitfab no proporciona apoyo comunitario, que según la investigación reciente es un factor determinante para que una dieta tenga éxito. En este sentido, numerosos estudios muestran que la gente está más satisfecha si comparte sus experiencias y resultados en una comunidad online, porque obtiene

de ella reconocimiento, responsabilidad y una cierta competencia amistosa, y también le ayuda a tomarse la situación con sentido del humor y a no sentirse juzgada. Precisamente, TechEx ofrece una amplia gama de herramientas de apoyo a través de su comunidad virtual, con foros, salas de chat y un software específico para videoconferencias.

2. **Calorie Counters:** es el gigante de este sector y quizá la marca más reconocida en el ámbito de la pérdida de peso. El programa de Calorie Counters se basa en la responsabilidad personal y en el apoyo de una comunidad, algo similar a Alcohólicos Anónimos. Su principal virtud es que los usuarios se pesan cada semana y asisten a reuniones con personas que también están a dieta. La empresa utiliza un sistema que otorga puntos en cada comida y marcan a sus miembros un objetivo

(continúa)

EJEMPLO DE ANÁLISIS DE LA COMPETENCIA

diario; así saben cuánto deben comer para adelgazar de forma segura. Sin embargo, el mayor problema de Calorie Counters es que no ha sabido adaptarse a las nuevas tecnologías. Por ejemplo, no hace reuniones online y su asesoramiento por Internet es muy limitado. Se trata, pues, de un sistema muy incómodo para clientes con poco tiempo libre, que no pueden asistir a las reuniones de forma regular. Además, debido al gran tamaño de esta empresa, no es capaz de dar un servicio personalizado, que es justo lo que muchas personas necesitan. En cambio, en TechEx la tecnología es el corazón del modelo de negocio. El avanzado software con el que cuenta permite a su clientela interactuar cuando y como quieran.

3. **Jenny Haig:** otro gigante del sector, cuyo programa se basa en la restricción de calorías y grasas usando su propia gama de alimentos

envasados. Además, ofrece a los usuarios sesiones semanales de asesoramiento personalizado. Quizá su punto más fuerte sea la sencillez de su programa alimenticio. Sin embargo, el precio no es asequible para muchas personas y tampoco tiene en cuenta las alergias alimentarias u otros problemas que algunos usuarios puedan tener con la dieta. En realidad, se centran solo en el aspecto alimentario. En cambio, TechEx ofrece un enfoque holístico que mezcla la psicología y la fisiología en un mismo programa de alimentación saludable y ejercicio.

4. **Aplicaciones gratuitas:** otras empresas que compiten en este sector son las aplicaciones gratuitas, como MyExerciseBuddy o Lose Weight!, que ayudan a los usuarios a hacer un seguimiento de su alimentación y del ejercicio que practican, con la posibilidad de comunicarse en red con sus amistades.

(*continúa*)

EJEMPLO DE ANÁLISIS DE LA COMPETENCIA

Estas aplicaciones se dirigen a personas que prefieren autogestionar el proceso de adelgazamiento. Por el contrario, TechEx está orientado a quienes desean un programa a medida y además contar con el apoyo de expertos en salud y ejercicio.

Fuentes: «Social support in an internet weight loss community», NIH manuscript, enero 2010, http://www.ncbi.nlm.nih.gov/pubmed/19945338 y «Dieting in the Digital Age», Knowledge@Wharton, octubre 2013.

Aquí tienes unas cuantas preguntas que hay que abordar en esta sección del plan:

- *¿Quién es tu público objetivo?* ¿Qué tamaño tiene ese grupo? ¿Está creciendo? Considera el mercado objetivo desde diferentes perspectivas, como su ubicación geográfica o su segmentación (nacional, estatal, provincial o local), características demográficas (edad, sexo, grupo étnico, nivel de ingresos, ocupación, nivel educativo, creencias religiosas) y factores de comportamiento (como sus actitudes y respuestas a distintos tipos de productos).

- *¿Cuáles son las necesidades básicas de tus clientes potenciales?* ¿Las puedes cubrir con tu producto o servicio? ¿Cómo toma las decisiones el cliente en cuanto a la adquisición de ciertos productos o servicios? ¿Se ven afectadas esas decisiones por los ciclos económicos u otros factores estacionales? Como dice Clayton Christensen, profesor de la Harvard Business School: ¿qué debe hacer el cliente para adquirir el producto o contratar el servicio?

- ¿Por qué los clientes de tu mercado objetivo comprarán tu producto o servicio? ¿Qué soluciones ofreces a sus problemas? ¿Cuál de sus necesidades promoverá la adquisición de tu producto o servicio? ¿Cómo diferenciarán tus productos de los de la competencia?

EJEMPLO DE ANÁLISIS DEL MERCADO

El tamaño del mercado en Estados Unidos: en la actualidad, unos 108 millones de estadounidenses siguen algún tipo de dieta para adelgazar. Lo habitual es que estas personas intenten perder peso cuatro o cinco veces al año, para lo que invierten en total 40.000 millones de dólares anuales en programas y productos. Dentro de este sector, que llegará a los 66.000 millones de dólares de facturación este año, las mujeres suponen el 85% del total de clientes; este porcentaje continúa creciendo y poco a poco lo forman más individuos con ingresos superiores a la media y un nivel educativo alto. Según las previsiones, en 2018 habrá más de 78 millones de mujeres profesionales en Estados unidos. Hoy en día, alrededor del 73% de ellas trabajan en una oficina y este porcentaje también se espera que aumente en los próximos años.

Mercado internacional potencial: a medida que los índices de obesidad se incrementan en todo el mundo, los programas de adelgazamiento son cada vez más populares. Sobre todo en Europa, donde TechEx tiene previsto aumentar su presencia. Por ejemplo, un estudio reciente muestra que algunas mujeres británicas gastan alrededor de 25.000 libras en dietas a lo largo de su vida.

Cliente objetivo: Calorie Counters y Jenny Haig son el perfil tipo de empresa a la que solía recurrir la mayoría de las mujeres para adelgazar. Pero en la actualidad han empezado a perder su atractivo. Cada vez más mujeres eligen propuestas que emplean la tecnología (a través de sitios web o aplicaciones móviles) porque se adaptan mejor a su estilo de vida.

En este escenario, TechEx ofrece una experiencia única y efectiva para los dos tipos de cliente a los que se dirige:

Mujeres trabajadoras sin tiempo y con sobrepeso: una característica de este perfil de mujeres es que no disponen de tiempo para asistir a las reuniones grupales y mucho menos al gimnasio. Conocen y han probado la mayoría de las dietas populares, pero estas no se amoldan a la realidad

(*continúa*)

EJEMPLO DE ANÁLISIS DEL MERCADO

de sus vidas. Este tipo de mujer busca una solución adecuada a su ritmo de vida y que tenga un impacto tangible en su peso. Como grupo, tienden a estar muy motivadas y suelen ser expertas en tecnología. Además, para tomar una decisión se basan en datos y en pruebas científicas. Confían en los profesionales de la salud y buscan con frecuencia opiniones de expertos (por ejemplo, confían más en los consejos de una revista de prestigio que en los de la publicidad). Por último, su agitada vida laboral y familiar les produce una sensación de aislamiento, porque no pueden compartir su lucha en ninguna comunidad y anhelan apoyo emocional.

Mujeres trabajadoras con un peso adecuado, pero que quieren cambiar sus hábitos: ellas buscan nuevas formas de mantenerse en su peso, pero también pretenden mejorar su cuerpo y su estilo de vida. Están dispuestas a modificar ciertas rutinas en beneficio de su salud, pero disponen de poco tiempo, bien porque su jornada laboral es muy larga o porque deben hacerse cargo de hijos u otros familiares. En cualquier caso, no pueden permitirse el lujo de ir al gimnasio y, por ello, necesitan un programa de salud que pueda hacerse en casa o que no requiera una ubicación específica; algo que cubra sus necesidades, se adapte a sus preocupaciones concretas y, sobre todo, dé resultados palpables.

Por eso TechEx, gracias a su enfoque único y personalizado, el apoyo de expertos (dietistas, psicólogos y *coaches*), la flexibilidad de sus programas y el apoyo emocional de una comunidad de mujeres que también luchan por mantener un estilo de vida saludable, es una elección óptima para estos dos grupos.

Fuentes: US Department of Labor; MarketData Enterprises; National Weight Control Registry; *Bloomberg Businessweek*; Center for Disease Control; y Engage Mutual: http://www.engagemutual.com/about-us/media-centre/all-news/2010-press-releases/cost-of-dieting/.

Presenta a tu equipo

Presenta a
tu equipo

P regunta a cualquier inversor experimentado
cuál es la clave para convertir un plan de negocio sólido en una empresa de éxito y te responderá: el equipo directivo. Por este motivo, muchos
inversores aseguran que el *resumen del equipo de gestión*
es una de las primeras secciones de un plan de negocio
que leen. Al fin y al cabo, las personas son las responsables de que cualquier negocio funcione de forma estructurada y dinámica. Pero este equipo no solo incluye
a los hombres o mujeres que impulsan el proyecto desde
el principio, sino también a todos los agentes externos
que aportan servicios o recursos a la empresa (como

abogados, contables, proveedores o cualquier persona que asesore en algún aspecto). Si los destinatarios de tu plan de negocio son internos —por ejemplo, la dirección de tu departamento— esta sección será una oportunidad para demostrar que tu equipo trabajará unido para asumir sus nuevas responsabilidades.

Está claro que sin el equipo adecuado ningún negocio pasará de mero concepto a realidad. Por eso, el objetivo del resumen del equipo de gestión es ensalzar las virtudes de dicho equipo, a la vez que responder a estas tres preguntas: ¿con qué formación cuenta? ¿Qué contactos tiene? Y ¿cuál es su reputación?

Destaca la formación del equipo

Los currículos del equipo directivo se incluirán en los anexos del plan de negocio, así que dedica esta sección a destacar ciertos aspectos de sus trayectorias profesionales que estén relacionados con el proyecto:

- *¿Dónde han trabajado los miembros de tu equipo?* ¿Cuentan con mucha experiencia? ¿Cuáles son sus contactos en el sector? ¿Qué otros proyectos han desarrollado que se relacionen con el negocio que propones?

- *¿Cuáles son sus méritos?* ¿En qué universidad estudiaron? ¿Tienen un buen expediente académico? ¿Qué conocimientos, habilidades y destrezas pueden aportar al negocio?

- *¿Qué reputación poseen en el mundo empresarial?* ¿Son personas honestas? ¿Tienen fama de ser trabajadoras?

- *¿Son realistas respecto a las posibilidades de éxito del negocio?* ¿Tienen la capacidad de prever los riesgos y de responder de forma adecuada a los problemas que surjan? ¿Son valientes para tomar decisiones difíciles pero inevitables? ¿Quién posee una mejor visión de negocio? ¿Quién aporta una mayor dosis de cautela y mesura?

- *¿Muestran compromiso con este proyecto?* ¿Cuáles son sus motivaciones? ¿Y sus objetivos? ¿Qué beneficios pretenden conseguir de este negocio? Además, si presentas tu plan de negocio dentro de una empresa estructurada en departamentos, indica si los miembros del equipo están allí por elección tuya o porque han sido asignados a ese trabajo por otros agentes. En este último caso, ¿qué estrategias empleará el equipo directivo para motivarlos a sacar adelante el proyecto con éxito?

Presenta a un equipo unido

Aprovecha esta sección para describir cómo cada individuo trabajará en pos de un equipo eficaz y unido que garantice el éxito del proyecto. Tienes aquí una oportunidad excelente de demostrar que tu equipo es el adecuado para afrontar los riesgos y aprovechar las oportunidades que se presenten.

- *Confirma las fortalezas del equipo.* Explica de qué modo las habilidades, los conocimientos y la experiencia de sus miembros darán equilibrio al conjunto. Indica lo que cada cual aportará al negocio (desde experiencia en temas legales hasta contactos con grandes proveedores).

- *Identifica y compensa las debilidades del equipo.* Inversores y patrocinadores desean ver a un equipo con experiencia en la superación de conflictos internos y externos. En general, un equipo sin experiencia se considera una apuesta más arriesgada que otro que haya colaborado en el pasado. Por otra parte, si existen carencias en la gestión (por ejemplo, si falta algún conocimiento técnico o experiencia en marketing) explica el modo de superarlas. Por ejemplo, si nadie del equipo posee conocimientos financieros, puedes proponer la contratación de los servicios de una asesoría.

- *Expón la filosofía de gestión del equipo.* Elabora principios y directrices para orientar el comportamiento y la toma de decisiones en el seno del grupo; piensa en el estilo de liderazgo más adecuado y en la forma de evaluar la calidad de los resultados; explica el trato que recibirán los clientes y los empleados. Todo esto servirá como muestra de los valores de la empresa y pondrá de relieve la cohesión del equipo.

EJEMPLO DEL RESUMEN DEL EQUIPO DE GESTIÓN

Socias: el equipo directivo lo forman Ping Huang (socia fundadora), Anjali Banerjee y Mercedes Meceda.

Huang, la fundadora y directora general de la empresa, tiene una amplia experiencia profesional y personal. Nació en China y a los dieciocho años emigró a EE. UU. para estudiar Matemáticas en la UCLA. Fue una estudiante activa y mantenía un peso saludable. Sin embargo, tras graduarse sus primeros trabajos la obligaron a viajar con frecuencia. Por tanto, no podía ir al gimnasio y solía co-mer el menú del servicio de habitaciones de los hoteles donde se alojaba. En un año engordó 14 kilos. Entonces probó todo tipo de planes para perder peso, pero nin-guno dio resultado porque no se ajustaban a sus nece-sidades. Al final se puso en contacto con un psicólogo cognitivo-conductual y empezó a trabajar a distancia con un entrenador personal y un dietista. Los resultados no tardaron en llegar y pensó que quizá esa fórmula le podría servir a mucha más gente. Por eso llegó a la MIT Sloan School of Management decidida a hacer realidad su proyecto. Sabía que no existía ningún producto en el mer-cado que cubriese las necesidades de las mujeres traba-jadoras sin tiempo. En Sloan conoció a Anjali Banerjee y a Mercedes Meceda, y juntas fundaron TechEx.

Huang ha dedicado la mayor parte de su carrera profesio-nal a la creación de empresas online y tiene fama de po-ner en práctica cualquier idea que tenga en mente. Tras

(continúa)

EJEMPLO DEL RESUMEN DEL EQUIPO DE GESTIÓN

graduarse en la UCLA, trabajó en una compañía de belleza online, Glamazon.com, que asesoraba a sus clientes mediante productos personalizados según el tono de su piel y sus rasgos faciales. Más tarde fue gerente de operaciones en una empresa online de nutrición, Nutello, que acabó siendo adquirida por Soapytime.com (por 10 millones de dólares) gracias a su gestión. En la actualidad es la CEO de TechEx y supervisa el trabajo de todos sus departamentos.

Banerjee es británica. Se graduó en Harvard y trabajó en el banco de inversiones Morgan Goldman, donde se especializó en financiación *mezzanine* (de deuda intermedia). Es una persona decidida y pragmática que basa su liderazgo en las cifras; por tanto, ocupa el cargo de directora financiera en TechEx. Es vegetariana y le apasiona correr maratones y hacer *mountain bike*. También participa de forma activa en Women on Wall Street, un grupo de mujeres empresarias, y forma parte del consejo de administración de The Kiddo's Lunch Place, ONG de

Boston que enseña a comer de forma saludable a niños de hogares desfavorecidos.

Meceda, se graduó en informática en Stanford. Luego fue consultora para Dain y ha trabajado en gestión de la salud. Tiene un profundo conocimiento de los problemas de salud asociados a la obesidad (hipertensión, enfermedades cardíacas y diabetes) y ha dedicado su carrera a ayudar a la gente a adoptar un estilo de vida más saludable. Fue instructora de yoga y escribe un popular blog (Frequent-FlyerHealth) que ayuda a las mujeres trabajadoras que viajan con frecuencia a mantenerse en buena forma, ya que publica listas de restaurantes, gimnasios y centros de bienestar, así como vídeos cortos con ejercicios de yoga que pueden practicarse en lugares pequeños como una habitación de hotel. Su blog tiene más de 28.000 seguidores y también cuenta con un gran número de ellos en Twitter. Además, Meceda es secretaria de la Junta de Tecnología de California,

(continúa)

EJEMPLO DEL RESUMEN DEL EQUIPO DE GESTIÓN

un grupo de trabajo para jóvenes profesionales del sector tecnológico. Ella es la directora técnica de TechEx.

Experiencia de trabajo en equipo: al margen de su trayectoria personal previa, las tres directivas de la empresa tienen experiencia laboral conjunta en un proyecto de gran envergadura. En la MIT Sloan formaron parte del equipo de gestión del Club de Empresas y, durante ese tiempo, organizaron un concurso de planes de negocio para mujeres en el que participaron cientos de estudiantes de más de una docena de escuelas de negocios. Huang, Banerjee y Meceda recaudaron 200.000 dólares en fondos de varias empresas patrocinadoras de Boston. En la actualidad, el certamen que ellas crearon es el más importante del mundo en su ámbito.

Otros recursos: La empresa contará con los servicios de un dietista, un psicólogo especializado en cuestiones de pérdida de peso y varios entrenadores personales. En materia de asuntos legales, el equipo directivo trabajará estrechamente con Berke & Kondell,

P.A., un bufete de abogados ubicado en Boston. Al principio, la estructura organizativa de la empresa será horizontal, es decir, cada uno de los miembros del equipo será responsable de la gestión de su propio trabajo.

Dificultades: en este momento, el principal problema de gestión es el que se refiere al marketing y las ventas. Para solucionarlo, el equipo planea contratar consultores y expertos de bajo coste. Además, hace poco algunos compañeros de Meceda en Dain, que habían dejado la empresa para crear su propia firma orientada a asesorar a empresas emergentes, se han ofrecido a trabajar con TechEx por una tarifa reducida. Por otro lado, Jim Jacobs (profesor de la UCLA que estuvo en la junta directiva de Calorie Counters) es amigo de la familia Huang y ha ofrecido su ayuda al equipo directivo para desarrollar la estrategia de marketing sin coste alguno. A medida que la empresa crezca, el equipo directivo espera contratar a un socio adicional que se especialice en marketing y ventas.

Saca tu producto al mercado

Saca tu producto
al mercado

Exponer los detalles del plan de operaciones y de marketing de la empresa demostrará a los potenciales inversores que has considerado todos los pormenores de tu futuro negocio. Estos aspectos te darán la oportunidad de reflexionar sobre los contratiempos que se puedan presentar y evidenciarán que conoces los elementos necesarios para que el negocio funcione y se incremente su valor.

Plan de operaciones: las actividades diarias de la empresa

El apartado del plan de negocio donde se describen las operaciones de la nueva empresa dará una idea general de sus actividades cotidianas y de las estrategias que se pondrán en marcha para lograr el éxito. En resumidas cuentas, debería contener la información necesaria para demostrar que hay preparado un plan diario. Pero no des demasiados detalles, porque entonces algunos de los destinatarios no querrán o no serán capaces de leerlo. Para elaborar esta parte hay varios perfiles que te pueden ayudar: un documentalista para hacer una revisión de libros de referencia o publicaciones periódicas; o las asociaciones empresariales del sector, que suelen ofrecer recursos muy valiosos a sus miembros a través de boletines, publicaciones, conferencias o seminarios.

Mientras desarrollas tu *plan de operaciones*, recuerda que los recursos visuales, como tablas, gráficos y cuadros, pueden ayudarte a presentar la información compleja de una forma más clara y entendible.

Ten en cuenta, además, algunas otras cuestiones clave en este aspecto:

- *¿Cuál es tu umbral de rentabilidad?* Esta expresión se refiere al punto en que los ingresos de ventas por unidad equivalen a los costes de producción y es el factor operativo más importante para una nueva empresa o un lanzamiento específico dentro de otra, porque supone que se empieza a ganar dinero. Si bien las proyecciones financieras suelen ser meras conjeturas, los potenciales inversores buscarán en el plan de negocio algún tipo de indicador sobre cuándo podrán empezar a obtener rendimiento de su inversión.

- *¿Cómo conseguirás los recursos y suministros?* ¿Qué materias primas son necesarias para fabricar el producto o poner en marcha el servicio? ¿Cuánto cuestan? ¿Quiénes serán los proveedores? ¿Por qué esos y no otros?

- *¿Cómo será el proceso de fabricación y distribución?* ¿Cómo se gestionará la información?

¿Cómo aprovecharás los avances tecnológicos en este ámbito? ¿La empresa será capaz de organizar un sistema de distribución de bajo coste?

- *¿Dónde estará la sede de la empresa?* ¿Se ha elegido una ubicación geográfica adecuada? ¿Está cerca de los clientes y/o de los proveedores? ¿Las empresas cercanas son complementarias o son competencia? En este apartado puedes incluir una descripción física del lugar y en anexos adjuntar fotos, diseños o planos.

- *¿Quién trabajará contigo?* ¿Dispones de una lista de contactos con trabajadores cualificados en ese campo? ¿La empresa ofrecerá contratos de prácticas a universitarios para contar con mano de obra de bajo coste ahora y experimentada en el futuro? ¿Tienes una bolsa de trabajo? ¿Tus trabajadores residen en la zona? ¿Disponen de los recursos materiales para desempeñar su labor y cuentan con la formación que la empresa requiere? ¿O bien se dará formación interna para asegurar que adquieren los conocimientos y habilidades adecuados?

Plan de marketing: promociona tu propuesta de valor

Un *plan de marketing* consiste en explicar cómo pretendes vender tu producto o servicio, es decir, cómo motivarás a los clientes para que lo adquieran. Diseñar una estrategia de marketing coherente y razonable para tu negocio te ayudará, y también a tu equipo a probar distintas ideas y seleccionar las estrategias más efectivas para conducir al éxito a la empresa. Además, también proporciona la oportunidad de plasmar la filosofía del proyecto en la estrategia de ventas para contribuir a la fidelización de los clientes. Porque los lectores del plan, es decir, los inversores externos o la dirección de tu empresa, quieren saber cómo ayudará la estrategia de marketing a alcanzar los objetivos de ventas planteados. A continuación, mencionamos algunos aspectos a tener en cuenta en este ámbito:

- *Céntrate en la oportunidad.* ¿Qué problema concreto le resuelve tu producto o servicio al cliente? ¿Esta solución es una carencia de la competencia?

¿Has hallado, tal vez, una nueva fórmula para que los refrescos *light* tengan el mismo sabor que sus equivalentes con azúcar? Para planificar una estrategia de marketing, considera siempre la oportunidad desde la perspectiva del cliente: ¿tu producto o servicio mejora su vida?

- *Enfócate en la conducta de compra de los clientes.* ¿Cuándo, dónde, por qué y cómo comprarán tu producto o servicio? ¿Qué necesidades va a satisfacer? ¿Cuáles son las prioridades de tus clientes potenciales? ¿Qué factores considerarán para la elección de este tipo de producto o servicio? ¿El precio? ¿La calidad? ¿El valor? ¿Otro tipo de prestaciones? Piensa que, en muchos casos, para quienes no disponen de tiempo el buen servicio y la comodidad pueden ser más atractivos que un precio bajo.

- *Determina el valor de cada cliente para tu negocio.* Ponderar el coste de captar a un nuevo cliente frente a su valor a largo plazo puede ayudarte a elegir la estrategia de marketing más adecuada. Plantéate, por ejemplo, lo siguiente: ¿tu producto es un consumible que se compre a menudo? ¿O es un servicio de suscripción mensual o anual? ¿Tal vez se trata de un producto duradero que se compra de forma ocasional, como una lavadora o un coche? ¿Necesitas fidelizar al cliente o tu producto satisface sus necesidades si se compra una sola vez? ¿Enfocarás el marketing mediante un modelo donde prime la relación con el cliente o con uno centrado en la transacción, es decir, que trabaja a corto plazo para obtener beneficios rápidamente?

- *Revisa tus objetivos.* ¿Cuándo esperas alcanzar el umbral de rentabilidad? Y, una vez superado, ¿cuánto tiempo necesitarás para llegar al siguiente objetivo de ventas? Por ejemplo, quizá pretendas lograr ese primer hito en seis meses y luego aumentar las ventas un 10 % anual hasta que, pasados cinco años, tu empresa se haga con el 10% del mercado. ¿Qué estrategias puedes diseñar para cumplir estos plazos?

Define tu marketing mix

El marketing mix describe la manera de cumplir los objetivos de marketing del proyecto. Para definirlo debes determinar: qué harás para que tu mercado objetivo conozca el producto o servicio; cómo convencerás a los potenciales clientes para adquirir lo que vendes; cómo fidelizarás a los clientes; y cómo lograrás el retorno de la inversión previsto. Tu estrategia de marketing mix también determinará cómo se posicionará tu producto en el mercado en relación a los de la competencia. El marketing mix más efectivo contempla las clásicas 4P: producto, precio, punto de venta (distribución) y promoción o publicidad. Veamos una breve descripción de cada una:

- *Producto (o servicio):* se trata de explicar las características de lo que se vende: su estructura, su apariencia y su funcionamiento. ¿De qué manera puede este producto o servicio satisfacer las necesidades del cliente? ¿Está sometido a algún tipo de propiedad intelectual? En ese caso, ¿cómo garantizarás su protección? ¿Tienes diseñado un plan de desarrollo de productos?

- *Precio:* ¿cuánto costará tu producto o servicio? ¿Ese precio será estable o dependerá de las fluctuaciones de la demanda? Es muy difícil saber cuánta gente pagará por tu producto o servicio, pero un plan de negocio debe contener un esquema inicial de precios; para fijarlos debes basarte en dos factores: en primer lugar, la sensibilidad al precio de tu público objetivo y el valor que perciben en tu producto. En segundo lugar, los costes de producción y el margen de beneficio mínimo. Y no olvides que se pueden ajustar los precios a las necesidades de distintos segmentos del mercado o cobrar un precio más alto por ofrecer características o servicios especiales (premium).

- *Punto de venta:* ¿cómo llegará tu producto hasta el cliente? ¿Qué canales de distribución utilizarás? ¿Cómo lo venderás, en qué tipo de establecimientos? Estas decisiones dependen sobre todo de la clase de producto o servicio, de sus costes de distribución y de las necesidades y demandas de los clientes.

- *Promoción:* ¿cómo informarás a los potenciales clientes sobre tu producto o servicio? Elige el enfoque más adecuado según los recursos que tengas y el público al que te diriges. Por ejemplo, la publicidad «boca a boca» es barata y efectiva, pero impredecible y difícil de controlar si se vuelve negativa. Por su parte, las promociones (cupones de descuento, envío de muestras o demostraciones en vivo) constituyen una forma económica de llegar a un gran número de clientes. Otra opción es la venta directa, que va desde una estrategia individual, más costosa (mediante llamadas o puerta a puerta) hasta el *telemarketing* masivo por correo electrónico. Por último, se puede apostar por la publicidad tradicional, es decir, campañas con eslóganes atractivos en televisión, prensa, radio o Internet; es quizá la opción más cara, pero como contrapartida se puede lograr una fuerte imagen de marca.

EJEMPLO DE PLAN DE MARKETING

El plan de marketing de TechEx se basa en reconocer que la compañía tendrá dos tipos de clientes: las usuarias que se apuntarán al programa de adelgazamiento y las empresas que ofrecerán los servicios de TechEx dentro de sus propios programas de salud. Este último mercado proporcionará a TechEx una forma menos costosa y más eficiente de llegar al cliente y limitará la entrada a la competencia.

Posicionamiento

TechEx se lanza al público como un servicio de adelgazamiento personalizado y de alta calidad para mujeres con poco tiempo. La pérdida de peso se facilita mediante la combinación de información sobre los hábitos alimenticios y la actividad física de cada usuaria, y además propone una dieta y un plan de ejercicio personalizados. Las clientes también pueden encontrar apoyo en una comunidad online de personas en su misma situación (y este

(continúa)

EJEMPLO DE PLAN DE MARKETING

es un servicio distinto de los que ofrece la mayoría de programas de adelgazamiento).

Para las empresas, TechEx se presenta como un medio eficaz y de bajo coste para mejorar la salud de sus trabajadores. Además, los servicios de TechEx pueden ofrecerse como una *prestación* a los empleados que viajan a menudo por trabajo.

Precio

Los servicios de TechEx cuestan menos que los de su principal rival, E-Fitfab. Esta empresa ofrece un plan básico de 148 dólares al mes y uno superior de 298 dólares. En cambio, el plan básico de TechEx cuesta 125 dólares al mes y el más caro 250 dólares. El equipo directivo cree que seguir una estrategia de precios basados en el valor percibido del servicio es la mejor manera de crear una comunidad de usuarias que incorpore TechEx a su rutina en vez de considerarlo un lujo.

Las tarifas varían según el nivel de servicios que cada cliente desee. Al empezar es posible que quiera aprovechar todo lo que ofrece TechEx, incluidas las videoconferencias semanales con nutricionistas, entrenadores y *coaches*. Pero, a medida que la usuaria progresa (es decir, comienza a adelgazar) tal vez prefiera reducir (o aumentar) esos servicios. Por ejemplo, puede tener menos sesiones con su nutricionista, pero más con su entrenador. En cualquier caso, el programa básico siempre proporciona a cada usuaria todos los registros acerca de su dieta y su estado físico para que pueda personalizar su plan. Además, disponen de acceso completo a la comunidad de apoyo en cualquier nivel.

Propuesta de valor para el cliente

TechEx ofrece a sus clientes mayores beneficios a un coste inferior que otros servicios similares. Las usuarias pueden

(*continúa*)

EJEMPLO DE PLAN DE MARKETING

perder peso y ponerse en forma con independencia del ritmo de vida que lleven, siempre de forma saludable y segura, bajo la supervisión de especialistas. Además, reciben apoyo emocional de sus pares, que entienden perfectamente las presiones que sufren las mujeres en su vida personal y profesional.

Por otro lado, el servicio que ofrece TechEx a las empresas permite a estas rebajar sus costes de producción, ya que mejora la salud de los trabajadores (con el consiguiente ahorro en gastos sanitarios) y su bienestar (porque reduce los niveles de estrés). Así, tanto empresas como aseguradoras se interesan por los beneficios potenciales de TechEx. Por ejemplo, muchas compañías han incorporado ya el uso de podómetros (dispositivos contadores de pasos) como parte de sus programas corporativos de salud y bienestar. Y algunos empresarios saben, además, que servicios como los de TechEx pueden suponer un paso más hacia la excelencia.

Punto de venta (o acceso)

Como el servicio está destinado a su uso online, el principal medio de acceso será la página web de TechEx; allí se podrá crear una cuenta con la que consultar los propios registros en cualquier momento y lugar, así como pagar de forma directa y segura con tarjeta de crédito. También será posible cambiar las preferencias una vez al mes.

Publicidad y promoción

Este será un proceso en tres fases, que incluirá relaciones públicas y publicidad en prensa e Internet, captación de socios e imagen de marca. El equipo directivo pretende contratar a agencias de publicidad y comunicación externas para garantizar la difusión de un mensaje coherente y profesional.

- *Fase I:* durará entre diez y doce semanas y estará enfocada a la captación de clientes a través de publicidad impresa y en Internet. Se publicarán

(continúa)

EJEMPLO DE PLAN DE MARKETING

anuncios en webs sobre salud y nutrición, enlazados al sitio de TechEx; en este se informará sobre las características del servicio, su funcionamiento y sus beneficios, y habrá un formulario de registro online. Los anuncios y la propia web darán información a las potenciales clientes sobre la facilidad y comodidad del programa de TechEx y ofrecerán testimonios de mujeres reales que han logrado perder peso gracias a un programa piloto que se pondrá en marcha antes del lanzamiento.

Además, en la fase I se prestará especial atención a las publicaciones en otros medios de comunicación, como la prensa generalista. También se enviarán dosieres con material promocional a periodistas especializados de este ámbito.

- *Fase II:* empezará al mismo tiempo que la I, pero se prevé que dure seis meses. Estará orientada a la captación de socios estratégicos. Su objetivo principal serán empresas donde los trabajadores viajen con frecuencia, como consultoras o bufetes de abogados, y también las que cuenten con un gran número de mujeres en puestos de responsabilidad, como asesorías y gestorías.

- *Fase III:* comenzará a continuación de las fases I y II. Se centrará en difundir la imagen de marca de TechEx en publicaciones dedicadas a las dietas y el ejercicio físico. También tratará de incrementar su influencia en los medios de comunicación a través de artículos de opinión y entradas de blog elaborados por Mercedes Meceda y dirigidos a mujeres que viajan por motivos laborales. Este tipo de promoción será continua y su principal propósito será fortalecer la marca.

Proyecta riesgos y beneficios

Proyecta riesgos
y beneficios

El plan financiero muestra el estado actual y las previsiones de rendimiento económico de la empresa. Como se ha señalado en apartados previos, no es necesario que las proyecciones financieras sean exhaustivas, pero tampoco deben ignorarse. En esta parte del plan hay que tratar de exponer la previsión más exacta posible acerca de los riesgos y el retorno de la inversión para un período de tres a cinco años. En este sentido, aunque cuentes con los servicios de un experto, es conveniente que hagas tus propios cálculos, porque así podrás tener una visión general de la empresa y ser consciente de si tus objetivos económicos son realistas.

Plan financiero

A continuación, presentamos algunos elementos clave para preparar el plan financiero:

- *Requerimientos de capital:* ¿cuánto dinero necesitas? ¿Cuánto esperas recibir de los inversores? ¿Cómo piensas usarlo? Con independencia de que tu proyecto sea una empresa nueva o una iniciativa dentro de otra existente, siempre debes ser transparente en este aspecto.

- *Hipótesis:* ¿cuáles son las previsiones en cuanto al crecimiento del sector y del mercado? ¿Qué estimaciones has hecho sobre los recursos internos del proyecto (costes fijos y variables, tasa de crecimiento de ventas, coste del capital y fluctuaciones estacionales de la liquidez)? Las proyecciones que hagas serán la base de tu plan financiero, así que deben estar respaldadas por datos sólidos y por la opinión de algunos expertos. Te recomendamos incluir un informe más detallado de estas previsiones en un anexo.

- *Estado de cuentas:* este documento incluye las previsiones de gastos y ventas del negocio para los próximos tres a cinco años. El margen bruto se obtiene de restar el coste de las ventas a los ingresos; en el caso de TechEx sería lo que gana la empresa con las suscripciones, menos el coste del sistema de monitorización y la tecnología correspondiente. Por otro lado, el beneficio neto se calcula restando gastos, intereses e impuestos de los ingresos; en nuestro ejemplo sería el total de ingresos menos el coste del sistema de monitores y la tecnología asociada, los sueldos del equipo directivo, nutricionistas y entrenadores, los impuestos y el coste de las campañas publicitarias.

- *Balance:* es una estimación de los activos, los fondos propios y los pasivos de la empresa en un momento determinado. Lo suelen elaborar los contables.

- *Flujo de caja:* indica los momentos de máxima necesidad y disponibilidad de dinero, así como si la empresa está convirtiendo sus beneficios en efectivo. Si tu proyecto es una empresa emergente, presta mucha atención al flujo de caja, porque aunque mucha gente se suele fijar en los beneficios, los datos que proporciona aquel pueden ser más importantes. En dicho documento se recogen las entradas y salidas de efectivo durante un período de tiempo; los gastos aparecen en negativo y los ingresos en positivo. El resultado es el total neto de las entradas y salidas de efectivo, y puede ser positivo o negativo. Un informe de flujo de caja suele dividirse en las siguientes categorías: actividades de explotación (operaciones comerciales ordinarias), actividades de inversión (gastos en equipamiento básico y otras inversiones, así como el efectivo procedente de la venta de esas inversiones) y actividades de financiación (de salida el efectivo utilizado para reducir deuda, recomprar acciones o pagar dividendos, y de entrada el procedente de préstamos o de la venta de acciones). El flujo de caja muestra la relación entre las ganancias netas y el efectivo que aparece en las cuentas bancarias de la empresa. Existen muchos programas informáticos útiles para esta labor.

Anticípate a las dudas de los inversores

Tu plan financiero presenta la imagen más completa del futuro de tu proyecto. Pero también hay que tomar en consideración las posibles dudas que les surjan a los potenciales inversores. Algunos querrán saber si la empresa podrá alcanzar la tasa mínima de rentabilidad que se espera de cualquier negocio. Un inversor de capital riesgo tal vez pretenda conocer qué tipo de retorno de la inversión (ROI) obtendrá. También es frecuente que los bancos y otras entidades de préstamo quieran información sobre la capacidad de la empresa para endeudarse y pagar sus deudas.

Veamos ahora otro tipo de preguntas que puede suscitar un plan financiero:

Analiza el umbral de rentabilidad

Como se ha señalado antes, esta expresión se refiere al momento en el que el negocio empieza a ser rentable. ¿Cuándo comenzará a generar ingresos tu empresa? ¿Tardará seis meses o dos años? El umbral de rentabilidad se calcula así:

$$\text{Umbral de rentabilidad} = \frac{\text{Costes fijos}}{(\text{Precio unitario} - \text{Costes variables})/\text{Ventas}}$$

Los costes fijos son los gastos que no varían con independencia de que aumenten o disminuyan las ventas (por ejemplo, el alquiler de un local), mientras que los variables cambian en proporción a las ventas (por ejemplo, materias primas como el plástico o los productos químicos que sean necesarios para fabricar el producto). Este cálculo suele incluirse en un anexo del plan de negocio.

Evalúa el riesgo y el retorno

Un gráfico de riesgo/retorno puede revelar con facilidad las probabilidades de alcanzar los niveles de rendimiento previstos (véase la Figura 1). Al fin y al cabo, no

FIGURA 1

Gráfico de riesgo/retorno

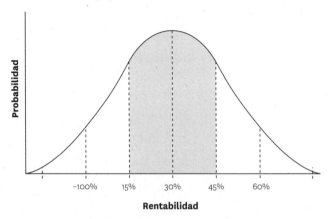

Fuente: Harvard ManageMentor® de Business Plan Development.

tiene sentido medir los hipotéticos rendimientos de una inversión sin tener en cuenta también el riesgo necesario para generar esos rendimientos.

El resultado más probable lo indica el sector ubicado en la curva del gráfico que va desde el 15 % al 45 % de rentabilidad (dentro de este rango, el resultado más probable es del 30 %). Dependiendo del riesgo de la empresa, un inversor necesitará diferentes tasas de rendimiento para equilibrar las posibilidades de pérdida.

Haz la previsión de rendimiento financiero

Los inversores también suelen querer saber el rendimiento económico esperado, es decir, el retorno de la inversión (ROI) o la tasa interna de retorno (TIR). Para un proyecto dentro de una misma empresa, la tasa de retorno debe superar la tasa mínima de rentabilidad de la empresa. Pero para una empresa nueva los inversores suelen exigir un rendimiento mayor para compensar el riesgo de pérdida. La TIR se calcula dividiendo los beneficios netos por el total de las inversiones.

Beneficio neto / Inversión total = ROI

Por ejemplo:

45.000 \$/300.000 \$ = 0,15 o 15% ROI

Cuanto más alto sea el retorno de la inversión, más eficiente demostrará ser la empresa utilizando el capital invertido para producir beneficios.

Quizá la forma más simple de calcular la TIR sea mediante una hoja de cálculo en la que introducir tus propios valores y hacer ajustes a medida que avances. Por ejemplo, para calcular una TIR del 50 % (este es el rendimiento que se puede esperar de una inversión arriesgada) utiliza la siguiente fórmula:

$$FV = \text{inversión} \times (1 + 0{,}5)^{n}$$

(En este caso, *FV* es el valor futuro, *inversión* es la cantidad de dinero invertida y *n* el número de años para obtener el retorno).

Define una estrategia de salida

Según William Sahlman, cualquier plan de negocio debería presentar una propuesta concreta y clara para finalizar el proyecto. Si el negocio tiene éxito, aunque sea mínimo, ¿cómo recuperarán su dinero los inversores? En general, a estos profesionales les gusta poner su dinero en empresas que se esfuercen en dar una buena salida a sus proyectos. Por ejemplo, tu plan de salida puede incluir opciones como vender la empresa, fusionarla con otra o convertirla en una sociedad anónima de capital abierto.

EJEMPLO DE PLAN FINANCIERO

Necesidades de capital

El objetivo de TechEx es recaudar 250.000 dólares. Según las previsiones actuales, la empresa entiende que esta suma, junto con los 84.000 dólares que obtuvo en una primera ronda de financiación entre amigos y familiares, será suficiente para sacar adelante el proyecto. Con esa cantidad se podrán financiar todas las operaciones previstas, la estrategia de marketing y los costes de desarrollar sus productos durante los primeros seis meses.

A continuación, detallamos cómo se invertirán esos 334.000 dólares en el primer semestre:

- 100.000 dólares para el plan de marketing.

- 100.000 dólares para el desarrollo de productos.

- 60.000 dólares para los contratos con dietistas, *coaches* y entrenadores personales.

- 45.000 dólares para un fondo que permita financiar en el futuro el desarrollo y la promoción de los productos.

- 29.000 dólares para el diseño y la creación del producto (en concreto, el monitor portátil).

Proyección financiera

Nuestro plan financiero estima unas ventas de 11,74 millones de dólares el primer año, con un margen bruto de más del 60% y uno neto de alrededor del 42% (antes de impuestos). La empresa espera ser rentable al cabo de seis meses y mantener su rentabilidad a partir de entonces. El resto de gastos se cubrirán con una parte de los ingresos, de acuerdo con los indicadores del sector. Teniendo en cuenta estas cifras, TechEx confía en disponer de un flujo de caja positivo en un plazo de seis meses a partir de su lanzamiento. A continuación, se resumen los resultados de la previsión financiera:

(continúa)

EJEMPLO DE PLAN FINANCIERO

	2015	2016	2017	2018	2019
Ingresos ($)	11,750,000	33,754,258	39,642,675	43,606,943	47,967,636
Beneficios de explotación ($)	4,926,073	14,518,828	16,971,337	18,731,825	20,669,785
Margen operativo	42%	43%	43%	43%	43%
Beneficio neto ($)	4,926,073	14,518,828	16,971,337	18,731,825	20,669,785
Margen neto	42%	43%	43%	43%	43%

Supuestos

Nuestras previsiones económicas están basadas en las estimaciones actuales del sector de los planes de adelgazamiento, los resultados de estudios de mercado primarios y secundarios, y las estimaciones en cuanto a la penetración en el mercado y el crecimiento de ventas de TechEx. Se puede encontrar información más detallada al respecto en las proyecciones 2015-2019, que incluyen el estado de cuentas, los balances y el flujo de caja. En los ingresos se han considerado el registro de nuevas cuentas y la venta de servicios adicionales.

Los gastos de marketing y ventas, por su parte, contemplan los costes de publicidad, comunicación y promoción del producto. Por otro lado, la empresa no necesita adquirir más bienes, por lo que los gastos generales se reducirán al mínimo. Además, el equipo directivo no recibirá remuneración durante el primer año.

Anexos e hitos

Anexos e hitos

Información complementaria

Los anexos se sitúan al final del plan de negocio y ofrecen al lector información adicional sin que esta afecte a la fluidez de la lectura. Es frecuente incluir en ellos informes financieros (sobre ingresos, flujo de caja o balances), las especificaciones tecnológicas del plan de producción y los currículos de cada miembro del equipo directivo.

Hitos

Un plan de hitos proporciona una cronología útil para que tus lectores entiendan cómo se desarrollará el proyecto. Nuestro consejo es que hagas un calendario ambicioso pero realista, que deje un cierto margen de tiempo para gestionar problemas inesperados que podrían retrasar la producción (como materiales que no llegan a tiempo, por ejemplo); esto impresionará a los inversores.

Por otro lado, marca solo los hitos principales y que puedan medirse con facilidad. Por ejemplo, «desarrollo de prototipos», «instalación del sistema in-

FIGURA 2

Cronología de los hitos

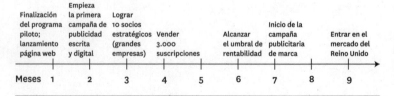

Meses	1	2	3	4	5	6	7	8	9

Finalización del programa piloto; lanzamiento página web / Empieza la primera campaña de publicidad escrita y digital / Lograr 10 socios estratégicos (grandes empresas) / Vender 3.000 suscripciones / Alcanzar el umbral de rentabilidad / Inicio de la campaña publicitaria de marca / Entrar en el mercado del Reino Unido

formático», «pruebas de mercado» o «primera venta al cliente». Por último, usa plazos aproximados, como seis meses o un año, en lugar de fechas concretas (véase la Figura 2).

Conclusión

Conclusión

Redactar un plan de negocio es una parte fundamental del proceso de puesta en marcha de un negocio de éxito. Sin embargo, no tiene por qué ser un documento rígido ni definitivo; actualizarlo con regularidad te permitirá hacer un seguimiento de tus avances y te ayudará a determinar si tus previsiones sobre el éxito de la empresa son acertadas. Esta información, a su vez, facilitará que anticipes los problemas, mantengas al día a los inversores y, si respetas las premisas de tu plan, tengas éxito con tu proyecto.

Ponte a prueba

Ponte a prueba

A continuación, te planteamos 10 preguntas que te ayudarán a evaluar tus conocimientos sobre la elaboración de un plan de negocio. Encontrarás las respuestas correctas al final del libro.

1. **¿En qué parte del plan de negocio debe figurar la *declaración de objetivos*, es decir, la breve descripción del proyecto, su filosofía y los objetivos a largo plazo del mismo?**

   a. Resumen ejecutivo.
   b. Plan de marketing.
   c. Plan de operaciones.

2. **Para causar una buena impresión a los posibles inversores es necesario detallar las proyecciones financieras mes a mes y las previsiones a diez años vista.**

   a. Verdadero.
   b. Falso.

3. **Un *balance* es:**

   a. Un documento donde se recoge el estado de las ganancias y pérdidas de la empresa.
   b. Una declaración de los activos y pasivos de la empresa.
   c. Un informe que muestra los momentos de máxima necesidad y disponibilidad de dinero.

4. **Ponderar el coste de captar un nuevo cliente en relación con su valor a largo plazo te ayuda a:**

   a. Decidir qué estrategia de marketing es la más adecuada.

b. Entender mejor las estrategias de venta de tus competidores.

c. Desarrollar un plan de operaciones realista.

5. La _____ es la tasa mínima de rentabilidad que se espera en todos los proyectos de una empresa.

a. Tasa interna de retorno.

b. Cifra de margen bruto.

c. Tasa de retorno de la inversión.

6. Es mejor que el resumen del equipo de gestión incluya en el anexo los currículos del equipo directivo.

a. Verdadero.

b. Falso.

7. **Un recurso financiero que indica el punto en el que se prevé que tu negocio no pierda ni gane dinero es:**

   a. Un gráfico de riesgo/retorno.
   b. El flujo de caja.
   c. El análisis del umbral de rentabilidad.

8. **Cuando investigues la competencia de tu sector, es conveniente que tengas en cuenta:**

   a. La amenaza que pueden suponer para tu empresa sus competidores.
   b. Si la competencia bloqueará de forma activa la entrada en el mercado.
   c. Quién podría explotar la misma oportunidad que tu nueva empresa.
   d. Todas las anteriores.

9. **Es mejor redactar el resumen ejecutivo después que el resto del plan de negocio.**

   a. Verdadero.
   b. Falso.

10. **Cuando estás elaborando los hitos de tu plan de negocio, es aconsejable que hagas todo lo siguiente *excepto*:**

   a. Incluir solo los hitos más importantes y no todos.
   b. Utilizar fechas concretas para marcar los plazos.
   c. Dejar margen de tiempo en la agenda para lo inesperado.
   d. Plantear una agenda ambiciosa pero realista.

Respuestas

1: **a.** Un *resumen ejecutivo* es una breve descripción de la empresa que incluye cuáles son sus objetivos y por qué tendrá éxito. Proporciona a los lectores una idea general de la propuesta y, lo que es más importante, capta su interés para invertir en el proyecto; por eso es el mejor lugar para incluir la *declaración de objetivos*.

2: **b.** No dediques demasiado espacio de tu plan de negocio a las cifras y te olvides de ofrecer a los inversores la información que de verdad importa. En realidad, muchos de ellos son conscientes de que las proyecciones financieras de una nueva empresa, sobre todo las más exhaustivas, no son más que fantasías optimistas.

3: **b.** El balance es una representación de los activos y pasivos de una empresa. Los activos incluyen elementos como el dinero en efectivo, las cuentas pendientes de cobro, el inventario de bienes y los inmuebles, mientras que los pasivos son, por ejemplo, las deudas de préstamos pendientes.

4: **a.** Evaluar el coste que supone captar a un cliente frente a los beneficios que este generará a largo plazo es una fórmula que te ayuda a elegir la estrategia de marketing más adecuada.

5: **a.** La tasa interna de retorno es la tasa mínima de rentabilidad que se exige a todos los proyectos. Si no se alcanza, es posible que el proyecto no se apruebe.

6: **b.** Muchos inversores aseguran que el resumen del equipo de gestión es una de las primeras secciones que se leen de un plan de negocio. Por eso es importante elaborar uno que muestre cómo el equipo directivo será capaz de dirigir la empresa de forma coordinada y dinámica.

7: **c.** El umbral de rentabilidad es el momento en el cual un negocio puede empezar a obtener beneficios. Los inversores siempre quieren saber cuándo y con qué nivel de ventas llegará una empresa a ese punto. Este tipo de análisis permite proporcionarles esa información.

8: **d.** Todas son correctas. Además, es muy probable que la competencia reconozca los elementos que te diferencian y los utilice para sus propios productos o servicios.

9: **a.** El resumen ejecutivo debería ser una breve presentación que exponga los elementos esenciales de tu plan de negocio; por eso es mejor redactarlo al final. Si lo haces al principio puede que más adelante tengas que revisarlo.

10: **b.** Es recomendable no usar fechas concretas en la cronología de hitos de tu empresa. Primero, porque nadie las exige, y segundo, porque podrían acortar tu margen de maniobra. Siempre es mejor usar plazos aproximados, como seis meses o un año.

Para saber más

Artículos

Elsbach, Kimberly D. «How to Pitch a Brilliant Idea». *Harvard Business Review* (septiembre 2003; #R0309J).

Tener buenas ideas es fácil, pero venderlas a un extraño es muy complicado. Con frecuencia, los empresarios, los ejecutivos de ventas y los directores de marketing se esfuerzan por demostrar que sus ideas son prácticas y rentables, pero solo logran que los responsables de las empresas las rechacen. ¿Por qué ocurre esto? Tras estudiar el comportamiento de los directivos de Hollywood que evalúan el potencial de los guiones cinematográficos, la autora de este artículo afirma que el receptor de la información se esfuerza por evaluar tanto la propuesta en sí como la creatividad de quien la presenta, es decir, del emisor. Una mala impresión sobre las habilidades de un emisor puede afectar de manera directa al valor de las ideas que expone. Para descubrir si este tipo de comportamiento es aplicable más allá del mundo del cine, la autora acompañó a los responsables de juzgar nuevas ideas en algunas reuniones de diseño de producto, marketing e inversión. En efecto, los resultados en esos entornos fueron similares a sus observaciones en Hollywood. Además, la investigación reveló que los receptores tienden a responder mejor cuando se sienten partícipes del desarrollo de una idea.

Magretta, Joan. «Why Business Models Matter». *Harvard Business Review* (mayo 2002; #R0205F).

El de «modelo de negocio» fue un término de moda durante el boom de Internet. Por aquel entonces, una empresa no necesitaba estrategia ni producto diferencial, ni siquiera un cliente; solo hacía falta un modelo de negocio basado en la web que prometiera unos beneficios salvajes en un futuro lejano e indefinido. Mucha gente (inversores, emprendedores y ejecutivos) se creyó esos cantos de sirena... y se acabó ahogando. Y mientras se daba la consiguiente contrarreacción, el concepto de modelo de negocio pasó de moda. Pero, como dice Joan Magretta: «Es una pena», porque un buen modelo de negocio sigue siendo esencial para el éxito de cualquier empresa, desde las emergentes hasta las que llevan años en un sector. Para ayudar a sus responsables a aplicar el concepto con éxito, Joan define el modelo de negocio y explica cómo se puede poner en marcha una estrategia competitiva e inteligente. Los modelos de negocio son, en el fondo, historias que explican cómo funcionan las empresas; y, como cualquier buena historia, deben incluir personajes bien perfilados, motivaciones convincentes y una trama potente y valiosa. También han de dar respuesta a ciertas preguntas, como: ¿quién es nuestro cliente? ¿Cómo podemos ganar dinero? ¿Qué lógica económica explica cómo ofrecer valor a los clientes a un coste adecuado? Toda empresa rentable se basa en un modelo de negocio sólido, pero un modelo de negocio no es una estrategia, aunque mucha gente utilice los dos términos de forma indistinta. Los modelos de negocio describen el modo en que las piezas de la empresa encajan. Sin embargo, a veces no tienen en cuenta una dimensión clave para la rentabilidad: la competencia; y esa es la función de la estrategia. Ilustrado con ejemplos de empresas como American Express, Euro Disney, Wal-Mart y Dell Computer, este artículo clarifica los conceptos de «modelo de negocio» y «estrategia», que son fundamentales para la rentabilidad de cualquier empresa.

Rich, Stanley R. y Gumpert, David E. «How to Write a Winning Business Plan». *Harvard Business Review* (enero 2001; #584X).

Un plan de negocio bien concebido es esencial para el éxito empresarial. Tanto si inicias un proyecto como si buscas capital adicional para financiar una línea de producción o quieres proponer una nueva actividad a un departamento de tu empresa, tendrás que redactar un plan explicando las características de tu proyecto, la estrategia de marketing, las proyecciones financieras, las demandas de producción y las necesidades de personal. Demasiados planes de negocio se centran en un único agente, el empresario; sin embargo, como muestra este artículo, también deben reflejar el punto de vista de los otros dos participantes clave: el cliente y el inversor.

Sahlman, William A. «How to Write a Great Business Plan». Harvard Business Review (julio- agosto 1997; #97409).

Muchos planes de negocio dedican demasiado espacio a los números y muy poco a la información que *de verdad* importa: las personas, la oportunidad, el contexto y las probabilidades de riesgo y retorno. Este artículo está basado en el texto de Sahlman titulado «Some Thoughts on Business Plans» y explica a los directivos cómo abordar las cuestiones correctas al elaborar un plan de negocio.

Libros

Covello, Joseph y Hazelgren, Brian. *Your First Business Plan: A Simple Question and Answer Format Designed to Help You Write Your Own Plan*. Naperville, IL: Sourcebooks, 2005.
Esta guía para redactar un plan de negocio paso a paso se centra en las USP (propuestas únicas de ventas). Incluye también un modelo de plan de negocio y un glosario de términos.

Harvard Business School Publishing. *Entrepreneur's Toolkit: Tools and Techniques to Launch and Grow Your New Business*. Boston: Harvard Business Review Press, 2004.
Abrir un negocio es un proceso repleto de oportunidades y también de peligros. Este libro es un recurso esencial tanto para lo más básico (redactar un plan de negocio) como para lo más complicado (buscar financiación). Algunos de los temas que aborda son: la financiación mediante capital riesgo, la gestión eficaz del tiempo, el diseño de estrategias de venta y marketing y la transformación de ideas en realidades de éxito.

Pinson, Linda. *Anatomy of a Business Plan: The Step-by-Step Guide to Building a Business and Securing Your Company's Future*. Tustin, CA: Out of Your Mind and Into the Marketplace, 2014.
Esta nueva edición incorpora tanto los últimos recursos en materia de marketing (analógico y digital) como varios ejemplos de planes de negocio actuales. Se trata de un manual práctico, con plantillas listas para usar.

Fuentes

Harvard Business School Publishing. *Pocket Mentor: Creating a Business Plan*. Boston: Harvard Business School Press, 2007.

Harvard ManageMentor. Boston: Harvard Business School Press, 2002.

Sahlman, William A. "How to Write a Great Business Plan." *Harvard Business Review* (July–August 1997; product # 97409).

Índice

Índice

Índice

Notas

Notas

Notas

Notas

Notas

Notas

Notas

Notas

Notas

Notas

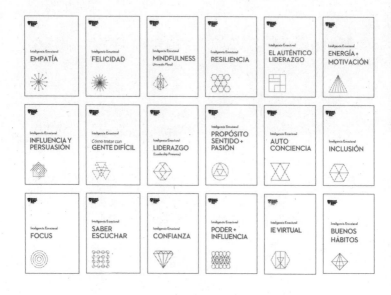

Serie Inteligencia Emocional

Harvard Business Review

Esta colección ofrece una serie de textos cuidadosamente eleccionados sobre los aspectos humanos de la vida profesional. Mediante investigaciones contrastadas, cada libro muestra cómo las emociones influyen en nuestra vida laboral y proporciona consejos prácticos para gestionar equipos humanos y situaciones conflictivas. Estas lecturas, estimulantes y prácticas, ayudan a conseguir el bienestar emocional en el trabajo.

Con la garantía de **Harvard Business Review**

Participan investigadores de la talla de
Daniel Goleman, Annie McKee y **Dan Gilbert**, entre otros

Disponibles también en formato **e-book**

Solicita más información en revertemanagement@reverte.com

www.revertemanagement.com

@revertemanagement

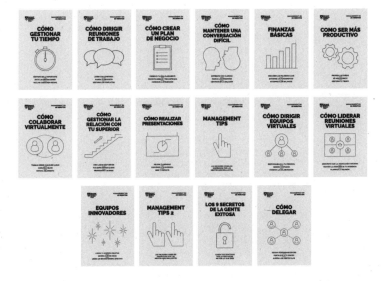

Serie Management en 20 minutos

Harvard Business Review

La Serie Management en 20 Minutos de HBR te permitirá ponerte rápidamente al día sobre las habilidades de gestión más esenciales. Ya sea que necesites un curso intensivo o un breve repaso, cada libro de la serie es un manual conciso y práctico que te ayudará a repasar un tema clave de management. Consejos que puedes leer y aplicar rápidamente dirigidos a profesionales ambiciosos, procedentes de la fuente más fiable en los negocios

Con la garantía de **Harvard Business Review**

Disponibles también en formato **e-book**

Solicita más información en revertemanagement@reverte.com

www.revertemanagement.com

@revertemanagement

CREA TU SEGUNDO CEREBRO de TIAGO FORTE

Un método probado para optimizar tu vida digital. Esta innovadora metodología te guiará hacia una mayor productividad, creatividad y eficacia. En un mundo saturado de información, es común sentirse abrumado en lugar de capacitado. Este libro te brinda las herramientas para desbloquear el potencial de tus ideas y lograr mejoras significativas tanto en tu trabajo como en tu vida.

TU MEJOR VERSIÓN EN 12 SEMANAS de SANJAY GUPTA

Una guía transformadora con un enfoque paso a paso para cambiar hábitos arraigados y mejorar nuestra calidad de vida. Al seguir estos consejos, podremos reducir la ansiedad, mejorar el sueño y aumentar la energía, la claridad mental y la resistencia al estrés. Esta guía esencial nos permite adoptar comportamientos saludables y experimentar una transformación en solo 12 semanas.

UN PAVO REAL EN EL REINO DE LOS PINGÜINOS

Una fábula contemporánea que aborda como tema principal la diversidad en el ámbito laboral. La clave radica en un cambio de mentalidad para aprovechar las oportunidades que brinda la diversidad. Esta edición conmemorativa del vigésimo aniversario, ofrece nuevas herramientas y estrategias, proporcionando valiosas lecciones sobre la gestión de la diversidad y la inclusión en el trabajo.

TU PAREJA IDEAL de LOGAN URY

Explora cómo nuestras decisiones influyen en nuestras relaciones amorosas. La autora, psicóloga y científica del comportamiento, combina investigación y experiencia personal para ofrecer estrategias prácticas sobre cómo encontrar y mantener el amor, guiándonos hacia relaciones sanas y significativas. Su profundo conocimiento del comportamiento humano y las relaciones hace que este libro sea una herramienta esencial para encontrar y mantener el amor.

CÓMO CALMAR TU MENTE de CHRIS BAILEY

Conjunto de estrategias respaldadas por la ciencia para superar la ansiedad y ser más productivo. Bailey, experto en productividad, reconoce la importancia de la calma para equilibrar su enfoque en la productividad. Al aprender a reducir el estrés y desarrollar la calma, no solo nos sentimos mejor, sino que permite que nuestros esfuerzos sean sostenibles a lo largo del tiempo.

INTELIGENCIA EMOCIONAL, 3A EDICIÓN de HARVARD

La tercera edición de 'Inteligencia Emocional' ofrece conocimientos actualizados sobre el complejo universo de las emociones y herramientas que te ayudarán a mejorar tus habilidades para gestionarlas y relacionarte eficazmente. Este libro recopila artículos de Harvard Business Review escritos por expertos en psicología, marketing, liderazgo y cambio organizacional, incluido Daniel Goleman.

UN MUNDO SIN E-MAIL de CAL NEWPORT

Newport argumenta que la comunicación digital constante nos impide ser realmente productivos, y expone una serie de principios e instrucciones para corregirlo: procesos de trabajo más definidos, menos tareas administrativas y una comunicación optimizada. Este libro te ayudará a implementar cambios audaces en la gestión del trabajo.

GOOD TO GREAT de JIM COLLINS

Referenciado como uno de los diez mejores libros sobre gestión empresarial, Good to Great nos ofrece todo un conjunto de directrices y paradigmas que debe adoptar cualquier empresa que pretenda diferenciarse de las demás. Escrito por Jim Collins, un reconocido empresario especializado en qué hace que las empresas sobresalgan, y asesor socrático de líderes de los sectores empresariales y sociales.

LOS PRIMEROS 90 DÍAS de MICHAEL D WATKINS

D Watkins es profesor de Liderazgo y Cambio Organizacional. En los últimos 20 años ha acompañado a líderes de organizaciones en su transición a nuevos cargos. Su libro, con más de 1.500.000 de ejemplares vendidos en todo el mundo y traducido a 27 idiomas, se ha convertido en la publicación de referencia para los profesionales en procesos de transición y cambio.

DIARIO PARA ESTOICOS de RYAN HOLIDAY

Una guía fascinante para transmitir la sabiduría estoica a una nueva generación de lectores y mejorar nuestra calidad de vida. Su Agenda es un complemento perfecto para una reflexión más profunda sobre el estoicismo, así como indicaciones diarias y herramientas estoicas de autogestión.

Disponibles también en formato **e-book.**

Solicita más información en revertemanagement@reverte.com
www.revertemanagement.com
@revertemanagement